Ein Wort zuvor

Wer an Salzburg denkt, denkt vielleicht zuerst an die Geburtsstadt Mozarts oder an die weltberühmten Festspiele. Weniger bekannt ist, daß hier bereits im 1. Jahrtausend v. Chr. Salz gefördert und gehandelt wurde.

Salz ist das älteste und dazu ein überaus lebenswichtiges Gewürz. An das Salz erinnert noch heute der Name der reizvollen Stadt an der Salzach. Aber auch die weitere Umgebung mit ihren hohen Bergen, den herrlichen Seen und Wanderwegen ist ein begehrtes Reiseziel.
Von den herzhaften Gerichten und der Vielseitigkeit der Rezepte ist jeder Besucher Salzburgs immer wieder begeistert. Die berühmten „Salzburger Nockerln", eine leckere Süßspeise, im wesentlichen hergestellt aus Eiern, Zucker und etwas Mehl ist weit über die Grenzen des Landes bekannt. Darüberhinaus schätzt man aber auch eine ganze Reihe anderer, beliebter Gerichte dieses österreichischen Bundeslandes. In diesem Buch finden Sie daher neben typischen Suppen wie beispielsweise die „Biersuppe", verschiedene Haupt- und Zwischengerichte. Salzburger Knödelrezepte sind genauso vorhanden, wie die vielerorts bekannten Germ (Hefe)-Speisen, die meist im Backrohr (Backofen) oder auch im Fett schwimmend zubereitet werden. Das letzte Kapitel ist den vielseitigen Gebäckspezialitäten gewidmet, hier sei besonders die „Mozart-Torte" erwähnt, die als süßes Backwerk wohl zu den bekanntesten Torten dieser Region zählt.
Auf den nachfolgenden Seiten werden daher die besonders landestypischen Gerichte kurz beschrieben. Daran anschließend finden Sie eine Erklärung der küchen- und kochtechnischen

Begriffe mit einem kleinen Küchenlexikon als „Sprachführer" durch das Land. So wird es Ihnen sicher leicht fallen, die verschiedenen Salzburger Spezialitäten kennenzulernen und mit Freude nachzukochen. Dabei wünsche ich Ihnen stets ein gutes Gelingen.

Ihre
Maria Höllrigl

Inhalt:

Die besonderen Salzburger Spezialitäten

Salzburg gliedert sich in fünf Regionen, „Gaue“ genannt, auf. Von Norden nach Süden sind dies der Flachgau, Tennengau und Pongau. Im Osten liegt der Lungau und im Westen der Pinzgau. Aus diesen Regionen stammen vorwiegend die bodenständigen, bäuerlichen Gerichte wie beispielsweise die „Pinzgauer Kasnocken“ oder die „Schottsuppe aus dem Pongau“. Als **Schotten** bezeichnet man einen geräucherten Topfen (Quark)-Käse, der aus Buttermilch oder aus der auf den Almen gewonnenen Käsemolke hergestellt wird. Nicht nur zur Suppe, sondern auch zu **Nudeln** wird er gereicht. Diese gibt es in verschiedenen Variationen, beispielsweise auch als „Mohnnudeln“. Die **Nocken** hingegen sind eher eine leichte Speise, deren Zubereitung einiges Fingerspitzengefühl bedarf, denn aus einer vorbereiteten Masse werden eßlöffelgroße Nokken abgestochen und langsam ziehend in heißem Salzwasser gegart. Die in ganz Österreich bekannten und beliebten **Knödel** wie Semmel-, Leber- oder Topfen (Quark)-Knödel dürfen auf einer Salzburger Speisekarte keinesfalls fehlen. Typisch für die Region sind auch die „Lungauer Fleischfarfeln“ oder das „Salzburger Bierfleisch“, das nicht

ohne Grund diesen Namen trägt, denn: das Bundesland Salzburg kann auf eine lange **Bier**tradition zurückblikken. In Kaltenhausen wurde schon 1475 Bier gebraut, was urkundlich nachgewiesen ist und das Gründungsjahr 1492 der berühmten Stieglbrauerei in Salzburg erinnert an die Entdeckung Amerikas. Aber auch heute existieren noch viele kleine Brauereien, die Bier von hervorragender Qualität herstellen.

Vom Bier nun zum Süßen. Berühmtheit weit über die Landesgrenzen hinaus haben die Österreichischen **Mehlspeisen** erlangt, hier insbesondere die **Salzburger Nockerln,** ein köstliches Gebilde aus Butter, Eidottern (Eigelb), Zucker und Eischnee. Die Zubereitung ist, wie die beiden Rezeptvorschläge dieses Buches zeigen, nicht schwierig. Wichtig ist hingegen, daß das Backrohr stets ausreichend lang vorgeheizt ist, bevor dieses empfindliche Gebäck eingeschoben wird. Die Salzburger Nockerln zählen zur Gruppe der Soufflées. Alte Überlieferungen besagen, daß sie bereits im 16. Jahrhundert erstmals serviert wurden. Das älteste Café, in dem man sie probieren kann, ist das Salzburger „Tomaselli". Hier werden aber auch Kuchen und Torten aller Art wie die „Mozarttorte" serviert.

Typisch für die berühmte Salzburger Küche sind aber auch die **Schmalzgebäcke,** hier seien vor allem die „Apfelkiachl" erwähnt. Bereits in der Vorweihnachtszeit werden die gehaltvollen **Kletzenbrote** gebacken. Hierbei handelt es sich um ein traditionelles Brauchtumsgebäck, das vorwiegend aus getrockneten Kletzen (Birnen), Zwetschken (Pflaumen) und Weinbeeren

(Rosinen) besteht. Nach einem guten Essen wird abschließend gerne ein kräftiger **Kaffee** getrunken. Viele Zubereitungsarten sind bekannt, denn das Kaffeetrinken gehört in Salzburg zur Tradition und, wenn man möchte, probiert man dazu noch eine der berühmten Konfekt-Spezialitäten: die **Mozart-Kugel.**

Kleines Küchenlexikon

Apfelkren	Meerrettich mit geriebenen Äpfeln
Aranzini	Orangeat
Backfett	Fett zum Ausbacken, z.B. Butterschmalz
Blaukraut	Rotkohl
Bratreine	Bratgeschirr, meist emailliert
Brösel	Abkürzung für Semmelbrösel
Busserl	Makronen (Eiweißgebäck)
Dampfl	Hefevorteig
Eidotter	Eigelb
Eierschwammerl	Pfifferlinge
Eiklar	Eiweiß
Einbrenne	in schäumender Butter angebräuntes Mehl
Erdäpfel	Kartoffeln
Farfeln	große Nocken, meist in heißer Suppe serviert
Faschiertes	Hackfleisch
Fisolen	grüne Bohnen
Gelbe Rüben	Möhren, Karotten
Germ	Hefe
Gerstl	Graupen, Rollgerste
G'selchtes	geräuchertes Schweinefleisch
Guglhupf	Napfkuchen
Häuptelsalat	Kopfsalat
Hendl	Hähnchen
Holler	Hollunder
Karfiol	Blumenkohl
Kiachl	kleine Kuchen, kleine Teigstücke
Kerschen	Kirschen
Kletzen	getrocknete Birnen
Knödel	Klöße
Koch	Auflauf, gekochte Speise

Kraut	Weißkohl
Kren	Meerrettich
Lauch	Porree
Lungenbraten	Filet vom Rind
Marillen	Aprikosen
Moosbeeren	Blaubeeren, Heidelbeeren
Mus	Milchkoch
Nocken	längliche Klößchen aus Nudel- oder Kartoffelteig, ähnlich den „Spätzle“
Obers	süße Sahne
Paradeiser	Tomaten
Rahm	saure Sahne
Ribisel	Johannisbeere
Rindsuppe	Fleischbrühe
Rote Rüben	rote Beete
Selchfleisch	geräuchertes Schweinefleisch
Semmel	Brötchen
Semmelbrösel	Paniermehl
Staubzucker	Puderzucker
Stelze	Schweine- oder Kalbshaxe
Strauben	kreisförmiges Brandteiggebäck, in Fett ausgebacken
Striezel	Hefezopf
Schlagobers	Schlagsahne
Schlegel	Keule
Schmarrn	gebackener, zerteilter Pfannkuchenteig
Schöps	Hammel
Schotten	geräucherter Topfen (Quark)-Käse
Schwammerl	Pilze
Schwarzbeeren	Moosbeeren (Heidelbeeren)
Topfen	Quark
Vogerlsalat	Feldsalat
Weichseln	Sauerkirschen
Weinbeeren	Rosinen
Wurzelwerk	Karotte, Petersilie, Porree
Zettelkraut	Sauerkraut
Zibeben	große Rosinen
Zwetschken (Zwetschgen)	Pflaumen

Die wichtigsten Küchenausdrücke

Ablöschen
heiße Flüssigkeit aufgießen, z.B. um einen Bratensatz zu lösen

Abschrecken
gekochte Speisen, wie z.B. Hausnudeln, mit reichlich kaltem Wasser übergießen

Abseihen
in ein Sieb geben und abtropfen lassen

Austreiben
Teig ausrollen

Einbrenne
Mehlschwitze

Faschieren
durch den Fleischwolf drehen

Gehen lassen
Germ (Hefe)-Teig mit einem trockenen Küchentuch abdecken und an einem warmen Ort stehen lassen, bis sich das Volumen fast verdoppelt hat

Legieren
Flüssigkeit mit Eidotter (Eigelb), Rahm (süße Sahne) oder Butter binden

Passieren
durch ein feines Sieb streichen oder drücken

Raspeln
grob zerkleinern

Rasten lassen
stehen oder ruhen bzw. durchziehen lassen verschiedener Teigarten

Reduzieren
Einkochen; Soßen- oder Bratenfonds werden „eingekocht", damit sie geschmacklich noch intensiver werden

Schaumig rühren
Einrühren von viel Luft, um eine möglichst lockere Schaummasse zu erhalten. Am besten setzt man hierzu den Elektroquirl oder die Küchenmaschine ein.

Unterheben, unterziehen
vorsichtiges Vermischen von Teig und Eischnee. Am besten benutzt man hierzu einen Kochlöffel und hebt damit die festere Teigmasse über den steifgeschlagenen Eischnee, bis alles gut vermischt ist.

Versprudeln
Eier verschlagen, verquirlen

Ziehen lassen
empfindliche Speisen, wie z.B. Nocken oder Knödel, unter dem Siedepunkt garen lassen

Eierschwammerl-Rahmsuppe

- 300 g Eierschwammerl (Pfifferlinge)
- 1 kleingewürfelte Zwiebel
- 40 g Butter
- 1 EL Mehl
- 1 l kräftige Fleisch- oder Gemüsesuppe
- Salz, Pfeffer
- 200 ml süßer Rahm (Sahne)
- 20 g kalte Butter
- 1/2 - 1 EL gehackte Petersilie

● Die Eierschwammerl putzen, waschen, gut abtropfen lassen und kleinschneiden oder halbieren.

● Die Zwiebel in heißer Butter glasig dünsten, die Schwammerl dazugeben und mitdünsten.

● Mit Mehl bestäuben, durchrösten und unter beständigem Umrühren die Fleisch- oder Gemüsesuppe dazugeben. Kräftig mit Salz und Pfeffer würzen, aufkochen, dann auf niedriger Stufe etwa 5 - 10 Minuten langsam durchziehen lassen. Von der Kochstelle nehmen, Rahm und Butter einrühren, Petersilie dazugeben und sofort servieren.

Brotsuppe

● Das Bauernbrot würfeln oder in sehr dünne Scheiben schneiden.

● Die Zwiebel schälen und ebenfalls würfeln. Die Butter in einem größeren Topf erhitzen. Brot- und Zwiebelwürfel unter ständigem Umwenden langsam darin anrösten. Das Mehl darüberstreuen und weiterrühren.

200 g altbackenes dunkles Bauernbrot (Mischbrot)
1 größere Zwiebel
40 g Butter
1 - 2 EL Mehl
1/2 l Wasser
1/2 l Fleischsuppe
Salz, Pfeffer
2 Eidotter (Eigelb)
2 - 3 EL Rahm (süße Sahne)
1 Prise Muskat
Kümmel
1 - 2 TL Zitronensaft

- Mit Wasser und Fleischsuppe auffüllen, würzen und einmal aufkochen lassen.

- Von der Kochstelle nehmen, Eidotter mit Rahm versprudeln und die Suppe damit binden (legieren). Mit Muskat, Kümmel und Zitronensaft abschmecken und sofort servieren.

Unser Tip:
Aus Brezen vom Vortag wird im Salzburger Land gerne eine **Brezensuppe** zubereitet. Verwenden Sie statt des Bauernbrotes 200 - 250 g der altbackenen Brezen, von denen Sie jedoch vorher das Salz abbröseln sollten.

Schottsuppe aus dem Pongau

1 1/2 l Wasser
etwas gem. Kümmel
Salz, Pfeffer
1/2 kg Schotten (Topfen = Quark aus Buttermilch)
2 Eidotter (Eigelb)
1/8 l saurer Rahm (Dotter)
einige Brotscheiben
Schnittlauch

● Das Wasser mit Kümmel, Salz und Pfeffer aufkochen. Nach und nach den Schotten hineingeben und dabei immer gut verrühren, hierzu am besten einen Schneebesen einsetzen. Ist der Schotten verkocht, so nimmt man den Kochtopf von der Kochstelle.

● Eidotter mit saurem Rahm verschlagen und die Suppe damit verfeinern. Nicht mehr kochen.

● Die Brotscheiben in sehr feine Würfel schneiden, auf tiefe Suppenteller verteilen, die Schottsuppe darübergeben und mit frisch gehacktem Schnittlauch bestreut sofort servieren.

Interessant für Sie:
Die „Schottsuppe" ißt man im Pongau, zusammen mit einer Portion Erdäpfel, gerne als leichtes, warmes Abendessen.

Frühlingskräutersuppe mit Eierschwammerln

100 g frische Kräuter, z.B. Kerbel, Kresse
Petersilie, Brennessel
Schafgarbe, Löwenzahn
Bohnenkraut
100 g Spinat
50 g Butter
1 gewürfelte Zwiebel
ca. 30 g Mehl
1 l kräftige Fleischsuppe
80 g Eierschwammerl (Pfifferlinge)
Salz, Pfeffer
4 - 5 EL Rahm (süße Sahne)

● Die frischen Kräuter sowie die Spinatblätter verlesen, sorgfältig waschen, zwischen Küchenpapier trockentupfen und mit einem scharfen Messer kleinhacken oder in der Küchenmaschine zerkleinern. In einem größeren Topf zuerst die Butter schmelzen, dann die Zwiebelwürfel darin glasig dünsten, das gesiebte Mehl darüberstreuen und hellbraun einbrennen lassen. Unter beständigem Rühren nach und nach die Fleischsuppe dazugeben. Die vorbereiteten Frühlingskräuter sowie die geputzten, sehr gut gewaschenen Eierschwammerln dazugeben und kräftig würzen. Langsam aufkochen lassen, dabei gut umrühren. Zuletzt die Suppe mit Rahm verfeinern.

Pinzgauer Gerstlsuppe

- 150 - 180 g Rollgerste
- 100 g magerer, geräucherter Speck
- 1 Zwiebel
- 1 l Wasser
- 1/2 l Fleischsuppe
- 1 Petersilienwurzel
- 1 gelbe Rübe (Möhre)
- 1 kleine Stange Lauch (Porree)
- 1/8 Stück Sellerie
- Salz, Pfeffer
- Kerbelkraut
- etwas Obstessig
- 2 EL geh. Petersilie

● Die Rollgerste in ein Sieb geben und kurz kalt abspülen. Mit Wasser bedeckt einige Stunden, oder besser über Nacht, quellen lassen.

● Den Speck fein würfeln, in einen größeren Topf geben und langsam ausbraten. Die geschälte, gewürfelte Zwiebel dazugeben und mitrösten.

● Die Gerste abtropfen lassen und dazugeben, kurz andämpfen, dann mit Wasser und Fleischsuppe auffüllen.

● Das Wurzelwerk putzen, gegebenenfalls schälen, kleinschneiden und zur Suppe geben. Würzen und gut umrühren. Auf niedriger Stufe langsam für 1 1/2 - 2 Stunden kochen lassen.

● Zuletzt die Gerstlsuppe mit etwas Obstessig abrunden, nochmals abschmekken und mit frisch gehackter Petersilie bestreut servieren.

Topfen-Erdäpfelsuppe

100 g durchwachsener, magerer Speck	etwa 3/4 l Wasser
1 EL Butter	1 Paradeiser (Tomate)
500 g mehlig kochende Erdäpfel (Kartoffeln)	125 g Topfen (Quark)
1 große Zwiebel	1/8 l Milch
1 kleine gelbe Rübe (Möhre)	Salz, Pfeffer
1 Stange Lauch (Porree)	frisch geriebene Muskatnuß
1/8 Stück Sellerie	1 - 2 TL Zitronensaft
	2 EL geh. Schnittlauch

- Den Speck in Würfel schneiden und unter Zugabe von Butter in einem größeren Topf auslassen.

- Die Erdäpfel sowie die Zwiebel schälen. Das Suppengemüse putzen, schälen und alle diese Zutaten kleinschneiden oder würfeln. Zum ausgebratenen Speck geben, Wasser dazugeben und die Gemüsemischung etwa 30 Minuten kochen lassen.

- Anschließend mit dem kleingeschnittenen Paradeiser durchpassieren oder abgekühlt im Mixer der Küchenmaschine fein pürieren.

- Nochmals, eventuell unter Zugabe von etwas Wasser, erhitzen. Den Topfen mit Milch glattrühren, nach und nach zur Suppe geben und dabei beständig umrühren.

- Aufkochen lassen, würzen, Zitronensaft dazugeben und mit Schnittlauch garniert servieren.

Branntweinsuppe

2 EL Butter	Zimt, Nelkenpulver, Salz
2 EL Mehl	ca. 100 ml Branntwein
1 l Milch	2 - 3 Eidotter (Eigelb)
80 - 100 g Zucker	etwas Milch

- In einem großen Topf die Butter schmelzen, das Mehl dazugeben und unter beständigem Rühren hellbraun einbrennen.

- Milch, Zucker sowie Zimt und Nelkenpulver dazugeben. Unter weiterem Rühren aufkochen und zuletzt den Branntwein dazugeben.

- Eidotter mit etwas Milch versprudeln, hinzugeben und die Suppe damit binden (legieren), servieren.

Salzburger Biersuppe

2 EL Butter	1 Eidotter (Eigelb)
1 l helles oder dunkles Bier	2 - 3 EL süßer Rahm (Sahne)
Salz, Pfeffer, 1 Prise Zucker	Weißbrotwürfel und Butter nach Belieben
frisch geriebene Muskatnuß	
1 Prise Safran	

- Die Butter in einem größeren Topf schmelzen, das Bier dazugeben und erhitzen. Mit Salz, Pfeffer, einer Prise Zucker, Muskatnuß und Safran würzen.

- Eidotter mit Rahm versprudeln und die Suppe damit abrunden. Nach Belieben in Butter geröstete Weißbrotwürfel dazugeben und die Suppe sofort servieren.

Huhn im Topf

- 2 kleine Brathendl (Brathühner) á ca. 800 - 900 g ohne Innereien
- 2 - 3 Knoblauchzehen
- Salz, Pfeffer
- etwas weiche Butter
- 60 - 70 g Butterschmalz
- 2 große Zwiebeln
- 1/8 l trockener Weißwein
- Wasser
- 1 Lorbeerblatt
- 2 zerstoßene Wacholderbeeren
- 500 g Erdäpfel (Kartoffeln)
- 150 g Zuckererbsen
- 2 - 3 EL süßer Rahm (Sahne)
- Petersilie

● Die Brathühner in 4 - 6 Teile zerlegen, gründlich waschen und mit Küchenpapier trockentupfen.

● Die Knoblauchzehen schälen, durchpressen und mit Salz, Pfeffer sowie etwas Butter zu einer Paste verrühren. Die Brathendlstücke damit gleichmäßig einreiben.

● Das Butterschmalz in einem großen Bratentopf erhitzen und die Hendlteile darin nacheinander anbraten. Herausnehmen und beiseite stellen.

● Inzwischen die Zwiebeln schälen und fein würfeln. Zum noch heißen Butterschmalz geben und glasig dünsten. Die Hendlteile wieder dazugeben und mit Weißwein ablöschen. So viel Wasser dazugeben, daß alles gut bedeckt ist. Mit Lorbeer und Wacholder würzen.

● Die Erdäpfel schälen, waschen, würfeln und zum Fleisch geben.

● Zugedeckt etwa 40 Minuten garen lassen, zwischendurch eventuell noch etwas Wein nachgießen. Zuletzt die gewaschenen, abgetropften Zuckererbsen für etwa 10 Minuten mitkochen lassen.

● Mit Rahm verfeinern und mit reichlich gehackter Petersilie bestreut servieren.

Aal nach Salzburger Art

1 junger Flußaal von ca. 1 - 1,2 kg	1/8 l trockener Weißwein
Salz, Zitronensaft	etwas Mehl nach Belieben
einige frische Salbeiblätter	Zitronenscheiben als Garnitur
60 g Butter	

● Den Aal ausnehmen, im Kopfbereich rundum einschneiden, die Fischhaut vorsichtig lösen, mit einem Tuch festhalten und dann mit einem kräftigen Ruck abziehen. Den Aal gründlich waschen, mit Küchenpapier trockentupfen und in etwa 8 - 10 cm lange Stücke schneiden. Mit Salz und Zitronensaft einreiben und 10 Minuten ziehen lassen.

● Mit frischen Salbeiblättern umlegen und diese mit Hilfe eines Küchengarnes festbinden. Die Butter in einer größeren Pfanne erhitzen, die Aalstücke darin von allen Seiten anbraten, mit Weißwein ablöschen und langsam in ca. 20 Minuten garziehen lassen.

● Das Küchengarn entfernen. Die Soße nach Belieben mit etwas kalt angerührtem Mehl binden. Die Aalstücke auf eine vorgewärmte Platte legen und mit Zitronenscheiben garnieren. Die Soße separat dazu servieren.

Beilagen:
Gedünstete Erdäpfel, Salat

Gedünstete Reinanke aus dem Salzkammergut

4 Reinanken (oder Forellen) á ca. 250 g	1 Zwiebel, 1 Knoblauchzehe
Zitronensaft, Salz, Pfeffer	1/8 l trockener Weißwein
60 g Butter oder Butterschmalz	2 EL gehackte Petersilie

● Die Fische säubern und gründlich waschen, dann mit Küchenpapier trockentupfen. Innen und außen mit Zitronensaft und Salz einreiben, mit Pfeffer würzen.

● Etwa 10 Minuten durchziehen lassen, dann in einer großen Pfanne oder Bratreine (Bratgeschirr) die Butter oder das Butterschmalz erhitzen.

● Zwiebel und Knoblauch schälen, fein hacken und leicht anrösten. Die Fische dazugeben, kurz von beiden Seiten anbraten, dann mit Weißwein aufgießen und zugedeckt dünsten. Dabei einmal vorsichtig wenden.

● Mit gehackter Petersilie bestreut servieren.

Flußkarpfen Salzburger Art

1 frischer Flußkarpfen von ca. 1,5 kg

4 - 5 EL heißer Essig

Sud:

2 l Wasser

1/8 l Essig

1/8 l trockener Weißwein

1 - 2 EL Salz

2 TL Zucker

1 Zwiebel, in Scheiben geschnitten

Wurzelwerk aus:

1 Petersilienwurzel

1/8 Stück Sellerie

1 kleine Stange Lauch (Porree)

1 gelbe Rübe

1 Lorbeerblatt

5 zerstoßene Pfefferkörner

2 Stengel Petersilie

● Zunächst den Sud ansetzen. Hierzu Wasser mit Essig, Weißwein, Salz, Zucker, Zwiebelscheiben und geputztem, gewaschenem und kleingeschnittenem Wurzelwerk zum Kochen bringen.

● Würzen und die gewaschene Petersilie dazugeben.

● Auf niedriger Stufe etwa 1/2 Stunde lang kochen. Anschließend den Sud abseihen und abkühlen lassen.

- Den Flußkarpfen säubern, dabei die Flossen abschneiden, den Fisch ausnehmen und gründlich waschen.

- Auf eine Platte legen, mit heißem Essig übergießen, dann in einen großen Fischtopf geben und mit dem Sud bedecken.

- Gerade zum Kochen bringen, abschäumen, dann bei niedriger Hitze langsam garziehen lassen. Das dauert etwa 25 - 30 Minuten.
- Den Karpfen vorsichtig aus dem Sud heben und auf einer vorgewärmten Platte anrichten.

Unser Tip:
Einen sehr großen Flußkarpfen schneidet man am besten am Rückgrat entlang ca. 1 - 2 cm tief ein, damit der Fisch gleichmäßig gar wird.

Beilagen:
Gedünstetes Gemüse oder Kraut, gedünstete Erdäpfel (Kartoffeln), zerlassene Butter und Zitronenspalten.

Gefüllter Schweinsbauch nach Alt-Salzburger Art

1,5 kg Schweinsbauch
300 g Knochen
Salz, Pfeffer
Füllung:
3 altbackene Semmeln (Brötchen)
2 Eier
Salz, Pfeffer
3 EL süßer Rahm (Sahne)
1/8 l lauwarme Milch
frisch geriebener Muskat
2 EL geh. Zwiebeln
2 EL geh. Petersilie
20 - 30 g weiche Butter
1 kleine rote Paprikaschote
2 - 3 EL Semmelbrösel
Zum Braten:
50 - 70 g Butterschmalz
1 Zwiebel, geviertelt
1 gelbe Rübe (Möhre), geviertelt
1/2 l heiße Fleischsuppe
4 - 5 EL trockener Weißwein
2 - 3 EL süßer Rahm (Sahne)

● Den Schweinsbauch vom Metzger einschneiden lassen. Kurz kalt abspülen und mit Küchenpapier trockentupfen. Innen und außen kräftig mit Salz und Pfeffer würzen.

● Für die Füllung die Semmeln kleinschneiden und in eine Schüssel geben. Eier mit Salz, Pfeffer, süßem Rahm, Milch sowie Muskat gut verschlagen. Über die Semmeln gießen und unterrühren. Zwiebeln und Petersilie in Butter andünsten und dazugeben. Alles gut vermischen und etwa 30 Minuten lang durchziehen lassen. Die Paprikaschote waschen, halbieren, von den Kernen und Rippen befreien und in sehr feine Würfelchen schneiden. Zur Semmelmasse geben, untermischen und die Masse eventuell noch mit Semmelbröseln abbinden.

● Den vorbereiteten Schweinsbauch damit füllen und zubinden oder zustechen.

● Das Backrohr auf 190 - 210° C vorheizen.

● Das Butterschmalz in einem großen Bräter erhitzen. Das Fleisch darin kurz anbraten, dabei die Knochen, Zwiebeln und gelbe Rübenstücke mitbräunen. Etwa 1/4 l Fleischsuppe angießen, dann den Bräter in das Backrohr schieben. Die Bratzeit beträgt etwa 2 Stunden. Zwischendurch begießen.

● Den Braten herausnehmen, den Fond aufkochen, durchpassieren und mit Wein und Rahm abrunden.

● Die Naht entfernen, den Braten aufschneiden und die Soße separat dazu servieren.

Unser Tip:
Wenn Sie den Schweinsbauch an der fetten Seite mit einem scharfen Messer kreuzweise ca. 1/2 cm tief einschneiden, dann wird er besonders knusprig.

Salzburger Tafelspitz (Gesottenes Rindfleisch)

● Die Suppenknochen kräftig abspülen, eventuell abbürsten und in einen großen Topf geben. Mit ausreichend Wasser bedecken, salzen und aufkochen lassen.

● Das kurz kalt abgespülte Tafelspitzfleisch dazugeben, nochmals aufkochen, den entstehenden Schaum mehrfach abheben und die Kochplatte herunterschalten.

● Inzwischen das Wurzelwerk putzen, waschen, schälen und grob zerkleinern. Alle Gemüsezutaten mit dem Lorbeerblatt zum Fleisch geben. Würzen und bei Bedarf nochmals abschäumen.

500 g Rindsknochen (Suppenknochen)
1 kg Tafelspitz am Stück
ca. 1 1/2 l Wasser
1 - 2 TL Salz
1 Petersilienwurzel
1 - 2 gelbe Rüben (Möhren)
1/2 Stück Sellerie
1 kleine Stange Lauch (Porree)
2 kleine Zwiebeln
2 Knoblauchzehen
1 Lorbeerblatt
Schnittlauch
frisch geriebene Muskatnuß

- Den Tafelspitz nun auf niedriger Stufe leicht „köchelnd", in ca. 2 Stunden, garziehen lassen. Das Fleisch ist gut gar, wenn es sich mit einem spitzen Messer leicht einstechen läßt.

- Das Fleisch vorsichtig aus dem Topf heben, die Brühe durch ein feines Sieb streichen und mit Muskat sowie Salz abschmecken. Den Tafelspitz quer zur Faser aufschneiden und auf einer vorgewärmten Platte anrichten. Mit Brühe begießen und mit Schnittlauch bestreuen.

Beilage:
gedünstete Erdäpfel, Apfelkren

Salzburger Bierfleisch

- 700 - 800 g Rindfleisch aus dem Bug oder von der Keule
- 150 g magerer Schinken
- 1 große Zwiebel
- 60 g Butterschmalz
- 1 - 2 EL Mehl
- 1/2 l dunkles Bier
- Salz, Pfeffer
- 1/2 Lorbeerblatt
- etwas Petersilie
- 1 - 2 EL Essig, Zucker

● Das Fleisch kurz kalt abspülen und mit Küchenpapier trockentupfen. Fleisch und Schinken in Streifen oder Würfel schneiden.

● Die feingeschnittene Zwiebel in heißem Butterschmalz anrösten. Das Fleisch sowie den Schinken dazugeben und mitrösten. Mit Mehl bestäuben, kurz einbrennen lassen, mit Bier ablöschen, umrühren und kräftig würzen.

● Zugedeckt in ca. 45 Minuten weichdünsten.

● Kurz vor dem Servieren mit Essig und einer Prise Zucker abschmecken.

Beilage:
Knödel oder Nudeln

Saftiges Rindsgulasch

- 750 g Rindfleisch
- 500 g Zwiebeln
- 2 - 3 EL Butterschmalz
- 1 - 2 EL Paprikapulver
- 1 EL Essig
- ca. 3/4 l Fleischsuppe
- etwas Majoran
- 1/2 TL gem. Kümmel
- Salz, Pfeffer
- 1 EL Paradeismark
- 2 gelbe Rüben (Möhren)
- 300 g frische Schwammerln, z.B. Champignons
- 1 - 2 Knoblauchzehen
- frisch gehackte Petersilie

● Das Fleisch kurz kalt abspülen und mit Küchenpapier trockentupfen. In gleich große Würfel schneiden. Die Zwiebeln schälen und fein hacken. Das Butterschmalz in einem größeren Topf erhitzen und die Zwiebeln darin goldbraun rösten. Das Paprikapulver darüberstreuen und mit Essig und etwas Fleischsuppe aufgießen.

● Das Fleisch dazugeben und würzen. Zugedeckt bei niedriger Stufe ca. 1 1/2 Stunden schmoren, dabei des öfteren wenden und immer wieder etwas Fleischsuppe hinzufügen.

● Etwa 20 Minuten vor Ende der Zeit das Paradeismark, die geschälten und kleingeschnittenen gelben Rüben sowie die geputzten, gewaschenen Schwammerln dazugeben. Ist das Gulasch fertig, gepreßten Knoblauch dazugeben und nochmals abschmecken. Mit reichlich Petersilie bestreut servieren.

Beilage:
Semmelknödel

Lungauer Fleischfarferln

- 1 große Zwiebel
- ca. 200 g geräucherter Speck
- 40 - 50 g Butterschmalz
- ca. 200 g gekochtes Rindfleisch
- 2 vorgekochte Erdäpfel (Kartoffeln)
- 3 Eier
- Salz, Pfeffer
- 2 EL gehackte Petersilie
- 200 g Mehl
- 1/4 l kräftige Fleischsuppe
- Salzwasser
- 2 - 3 EL frisch gehackter Schnittlauch

● Die Zwiebel schälen. Zwiebel und Speck in feine Würfel schneiden. In einer größeren Pfanne unter Zugabe von etwas Butterschmalz anrösten. Das Rindfleisch, ebenfalls feinwürfelig geschnitten, dazugeben und mitrösten. Beiseite stellen. Die Erdäpfel schälen und darüberreiben.

● Eier mit Salz, Pfeffer, Petersilie und Mehl in einer größeren Schüssel gut verrühren. Die Fleisch-Kartoffelmischung dazugeben und alles zu einem festen Teig verarbeiten.

● Fleischsuppe mit Salzwasser aufkochen. Vom Teig — mit einem in die heiße Flüssigkeit eingetauchten Eßlöffel — große Nocken ausstechen und diese in ca. 10 Minuten garziehen lassen.

● Die Nocken auf tiefe Teller verteilen, etwas von der Kochsuppe darübergeben und mit reichlich Schnittlauch bestreut servieren.

Beilage:
mit vorgekochten Erdäpfeln
gemischter Gurkensalat

Saftiges Rostbratl

- 4 schöne Rostbratenscheiben (Lendenschnitten) á 180 - 200 g
- Salz, schwarzer Pfeffer
- etwas mittelscharfer Senf
- Mehl
- 60 - 70 g Butterschmalz
- Wurzelwerk aus:
- 1 gelbe Rübe (Möhre)
- 1 kleine Petersilienwurzel
- 1 kleine Stange Lauch (Porree)
- 60 g milder Speck
- 1/8 l trockener Weißwein
- etwas Fleischsuppe

● Die Fleischscheiben kurz kalt abspülen, mit Küchenpapier trockentupfen und den Fettrand mehrmals einschneiden. Würzen und mit Senf bestreichen. Etwas bemehlen.

● In einer größeren Pfanne das Butterschmalz erhitzen, das Fleisch hineingeben und von jeder Seite ca. 3 Minuten braten.

● Aus der Pfanne nehmen, das geputzte, kleingeschnittene Wurzelwerk und die Speckwürfel im Bratenfett durchrösten. Die Fleischscheiben darauflegen und mit Wein sowie Brühe ablöschen. Zugedeckt weichdünsten.

● Die Fleischscheiben auf einer vorgewärmten Platte anrichten, die Soße durch ein Sieb streichen und darüberpassieren.

Beilagen:
Nudeln oder gebratene Erdäpfel und Fisolengemüse oder Salat

Schöpsernes Bauernbratl

1 kg Schöpsenfleisch (Lammfleisch) aus der Schulter

Salz, Pfeffer

1 - 2 Knoblauchzehen

gem. Kümmel, Thymian, Rosmarin

750 g geschälte, rohe Erdäpfel (Kartoffeln)

Wurzelwerk aus:

1 gelbe Rübe (Möhre)

1/4 Stück Sellerie

1 kleine Stange Lauch (Porree)

1 Petersilienwurzel

1 Zwiebel

1/8 l Fleischsuppe zum Begießen

● Das vom Metzger in portionsgerechte Stücke gehackte Schöpsenfleisch kurz kalt abspülen und mit Küchenpapier trockentupfen. Mit Salz, Pfeffer, gepreßtem Knoblauch, Kümmel sowie etwas Thymian und Rosmarin würzen.

● In eine Bratreine (emailliertes Bratgeschirr) legen, ca. 1 Tasse Wasser dazugeben und im Backrohr bei 200 - 220° C etwa 1/2 Stunde braten. Herausnehmen, geviertelte, rohe Erdäpfel sowie geputztes Wurzelwerk dazugeben und für etwa 1 Stunde im Rohr weiterbraten.

● Zwischendurch immer wieder mit etwas Fleischsuppe übergießen.

Beilage:
Frisch geriebener Kren, Krautsalat

Knusprig gebratene Kalbsstelze

1 größere Kalbsstelze (Kalbshaxe) von ca. 1,5 kg

Salz

Pfeffer

1 - 2 Knoblauchzehen

30 - 40 g Butterschmalz

● Die Kalbsstelze kurz kalt abspülen und mit Küchenpapier trockentupfen. Von allen Seiten würzen und mit geschältem, gepreßtem Knoblauch einreiben. Nach Belieben die Fettschicht mit einem scharfen Messer kreuzweise einschneiden.

● Das Butterschmalz in einem backofenfesten Bratentopf oder in einer Bratreine (Bratform) erhitzen und die Stelze darin kräftig anbraten.

● Bei 200 - 220° C für 1 1/2 - 2 Stunden im Backrohr fertigbraten, zwischendurch wenden und dabei immer wieder übergießen.

● Die Stelze im Ganzen servieren oder am Knochen entlang zerteilen und wieder zusammensetzen.

● Auf einer vorgewärmten Platte oder einem rustikalen Holzbrett anrichten.

Beilage:
Kräftiges Bauernbrot, Krautsalat

Eierschwammerln in Rahmsoße

750 g frische Eierschwammerln (Pfifferlinge)	1 EL Mehl
1 kleine Zwiebel	1/4 l saurer Rahm (Sahne)
1 EL Butter	Salz, Pfeffer
	geh. Petersilie

● Die Eierschwammerln putzen, gründlich waschen und gut abtropfen lassen. Die Zwiebel schälen und fein hacken, dann in heißer Butter goldgelb rösten. Die Schwammerln dazugeben und im eigenen Saft weichdünsten.

● Mehl mit saurem Rahm verrühren, zu den Schwammerln geben, kurz mitdünsten und alles gut verrühren.

● Würzen und mit gehackter Petersilie bestreut servieren.

Unser Tip:
Die Eierschwammerln werden gerne mit einem Semmelknödel serviert.

Fisolengemüse

1 kg frische Fisolen (grüne Bohnen)	Salz, Pfeffer
1 Zwiebel	Bohnenkraut
30 - 40 g Butter	125 g frische Schwammerln
1/8 - 1/4 l Wasser	2 Paradeiser
	1 EL geh. Petersilie

● Die Fisolen waschen, die Enden abschneiden und, wenn nötig, die Fäden abziehen. Die Zwiebel schälen und fein hacken, in der Butter glasig dünsten, die Fisolen dazugeben, Wasser hinzufügen, würzen und zugedeckt in ca. 30 Minuten dünsten.

● Die Schwammerln putzen und gründlich waschen. Die Paradeiser heiß überbrühen, häuten und vierteln. Beides zu den Fisolen geben und für weitere 10 - 15 Minuten mitdünsten lassen.

● Mit gehackter Petersilie bestreut servieren.

Speckkraut Salzburger Art

400 g magerer Selchspeck	1 kleines Lorbeerblatt
1 kg Sauerkraut	etwas Wasser oder Fleischsuppe
Salz, gem. Kümmel, Pfeffer	Knoblauch nach Belieben
4 - 5 zerdrückte Wacholderbeeren	

- Den Selchspeck in Würfel schneiden und in einem größeren Topf ausbraten lassen.

- Das Kraut dazugeben, würzen und unter beständigem Wenden in etwa 10 Minuten kräftig andünsten. Dann erst Wasser oder Fleischsuppe dazugeben und das Kraut bei milder Hitze in etwa 30 Minuten weichdünsten.

- Nach Belieben mit frisch gepreßtem Knoblauch abschmecken.

Vogerlsalat

250 g frischer Vogerlsalat (Feldsalat)

1 gehackte Zwiebel

2 EL Zitronensaft (oder Essig)

1/4 TL Salz, Pfeffer

4 - 6 EL Keimöl

frische, gehackte Kräuter

1/2 gepreßte Knoblauchzehe

- Den Vogerlsalat putzen, an der Wurzel knapp abschneiden und bei Bedarf die schlechten Blättchen entfernen. Gründlich waschen und sehr gut abtropfen lassen.

- In einer größeren Salatschüssel gehackte Zwiebel mit Zitronensaft oder Essig und den Gewürzen vermischen, das Öl dazugeben und mit Kräutern sowie Knoblauch würzen. Alles gut verrühren, die Salatblätter hineingeben und kurz unterheben.

Kren

Apfelkren

2 mittelgroße Äpfel

2 EL Weinessig

2 - 3 EL frisch geriebener Kren (Meerrettich)

1 - 2 TL Zucker, Salz, Pfeffer

- Die Äpfel schälen, vierteln und vom Kerngehäuse befreien. Fein reiben und sofort mit Essig mischen, damit sie nicht braun werden. Mit frisch geriebenem Kren, Zucker, Salz und Pfeffer mischen und servieren.

Essigkren

2 - 3 EL frisch geriebener Kren (Meerrettich)

1 EL Zucker, Salz

ca. 1/8 l Weinessig

1 EL Keimöl

- Den frisch geriebenen Kren mit Zucker, Salz, Essig und Öl verrühren und servieren.

Polentakoch

- 1 1/2 l Milch
- 160 g Polentamehl (Maisgrieß)
- 30 - 40 g Zucker
- 1 Prise Salz
- Butter

● Die Milch erhitzen. Inzwischen das Polentamehl mit Zucker und Salz mischen und unter beständigem Rühren in die heiße Milch einlaufen lassen. So lange bei milder Hitze weiterkochen, bis ein dicklicher Brei entsteht. Zuletzt etwas Butter dazugeben.

Eiermus (Schmarrn)

- 200 g Mehl
- 1/4 l Milch, 1 Prise Salz
- 1 EL Staubzucker
- 1 Pa Vanillezucker
- abgeriebene Schale 1/2 unbehandelten Zitrone
- 3 Eier
- 50 - 60 g Butter oder Butterschmalz
- 50 - 60 g Rosinen nach Belieben
- 40 g blättrig geschnittene Mandeln nach Belieben
- Staubzucker (Puderzucker) zum Bestreuen

● Gesiebtes Mehl, Milch, Salz, Staubzucker, Vanillezucker und abgeriebene Zitronenschale verrühren. Nach und nach die Eier dazugeben und weiterrühren. Etwa 20 - 30 Minuten rasten lassen.

● In einer größeren Pfanne Butter oder Butterschmalz erhitzen, den Teig hineingeben, nach Belieben Rosinen sowie Mandeln darauf verteilen und auf einer Seite goldgelb backen.

● Wenden, noch etwas bakken lassen, dann mit Hilfe einer Gabel in kleine Stücke zerreißen und unter weiterem Wenden fertigbacken. Mit reichlich Staubzucker bestreut sofort servieren.

„Mohr im Hemd“

● Die Butter mit 60 g Zukker und den Eidottern sehr schaumig rühren. Weiche Schokolade, vorbereitete Semmeln, gemahlene Mandeln, sowie Semmelbrösel dazugeben und alle Zutaten gut verrühren.

● Die Eiklar halbsteif schlagen, den restlichen Zucker einrieseln lassen und einige Tropfen Zitronensaft dazugeben. Weiterschlagen, bis die Masse sehr steif ist. Vorsichtig unter die Eidottermischung heben.

● Eine hitzebeständige Puddingform (Wasserbadform) mit Butter einfetten und mit Semmelbrösel ausstreuen.

75 g weiche Butter
90 g Zucker
4 Eidotter (Eigelb)
4 Eiklar (Eiweiß)
1 TL Zitronensaft
80 g geschmolzene Zartbitterschokolade
1 1/2 Semmeln (Brötchen), abgerieben, in Milch eingeweicht, ausgedrückt, durchpassiert
60 g gemahlene Mandeln
50 g Semmelbrösel
weiche Butter und Semmelbrösel für die Form
200 ml Schlagrahm (süße Sahne)
2 EL Zucker

Die Teigmasse einfüllen, die Form verschließen und im siedenden Wasserbad für 1 Stunde kochen lassen. Kurz abdämpfen, dann stürzen.

● Mit gesüßtem, geschlagenem Rahm servieren.

Unser Tip:

Sollten Sie keine spezielle Form besitzen, so können Sie auch eine Gugelhupfform aus Metall oder hitzebeständigem Porzellan einsetzen. Die Teigmasse wird in die gefettete und ausgebröselte Form gegeben. In die tiefe Bratpfanne (Backrohr) gibt man ca. 1 1/2 l heißes Wasser, setzt die Form hinein und deckt sie mit einem großen Porzellanteller ab. Nun kann der Teig darin in etwa 1 1/2 Stunden gar werden.

Salzburger Nockerln

- Das Backrohr auf 200 - 220° C vorheizen.

- Die Eiklar zu sehr steifem Schnee schlagen, nach und nach Zucker, Vanillezucker und einige Tropfen Zitronensaft dazugeben, bis die Masse sehr fest geworden ist.

- Die Eidotter mit dem Mehl verrühren, dazugeben und kurz untermischen.

- Eine längliche Auflaufform mit Butter ausfetten und mit reichlich Zucker bestreuen. Heiße Milch mit Rum mischen und in die Form geben.

- Aus der Schaummasse 3 große, hohe „Nocken" in

5 Eiklar (Eiweiß)
30 g feiner Zucker
1 Pa Vanillezucker
1 TL Zitronensaft
3 Eidotter (Eigelb)
20 - 30 g Mehl
30 g weiche Butter und
10 - 20 g Zucker für die Form
4 EL heiße Milch
1 TL Rum
Staubzucker zum Bestreuen

die Form setzen und sofort in das heiße Backrohr geben. In 12 - 17 Minuten goldgelb backen.

- Mit reichlich Staubzucker bestreut servieren.

Unser Tip:
Voraussetzung für eine gute „Nockerlmasse" ist ein sehr gut geschlagener Eischnee, der ohne Eigelbreste in einem absolut fettfreien Gefäß geschlagen werden muß.

Salzburger Nockerln mit Ribisel-Rotweinsoße

Nockerln:
- 40 g Butter
- 1/8 l süßer Rahm (Sahne)
- 1 Pa Vanillezucker
- 4 Eidotter
- 60 g Zucker
- 2 EL trockener Weißwein oder Rum
- 40 g Mehl
- 1 Prise Salz
- 8 Eiklar (Eischnee)
- etwas Zitronensaft
- Staubzucker (Puderzucker)

Ribisel-Rotweinsoße:
- 5 EL Ribiselgelee (Johannisbeergelee)
- 1/8 l trockener Rotwein
- 1 EL Honig
- 1 Pa Vanillezucker

● Das Backrohr mit eingesetztem Rost auf 200 - 220° C vorheizen.

● Butter, Sahne und Vanillezucker in einen Kochtopf geben und kurz aufkochen lassen. Dabei mit einem Schneebesen kräftig durchrühren. Beiseite stellen.

● Die Eidotter mit dem Zukker in einer Rührschüssel sehr schaumig rühren. Weißwein oder Rum, gesiebtes Mehl sowie Salz dazugeben und weiterrühren, bis die Masse sehr cremig ist.

● Die Eiklar unter Zugabe von Zitronensaft zu sehr steifem Schnee schlagen und rasch unter die Eidottermasse ziehen.

● In eine größere, feuerfeste Auflaufform zunächst die Rahmsoße füllen, dann die Schneemasse daraufgeben und mit einem Teigschaber hügelige „Nockerln" formen.

● Sofort in das heiße Backrohr setzen und etwa 15 - 20 Minuten goldgelb bakken.

● Inzwischen die Soße vorbereiten. Hierzu das Ribiselgelee mit Rotwein, Honig und Vanillezucker aufkochen und gut durchrühren.

● Die Nockerln auf Desserttellern anrichten, mit reichlich Staubzucker bestreuen und mit der Soße umgießen. Sofort servieren.

Unser Tip:
Wichtig ist, daß das Backrohr ausreichend lang vorgeheizt worden ist, damit die empfindlichen „Salzburger Nockerln“ schnell gebacken werden. Zwischendurch die Tür nicht öffnen, da die Nockerln sonst zusammenfallen könnten.

Scheiterhaufen

● Die Semmeln feinblättrig schneiden, in eine Rührschüssel geben, mit der Milch übergießen und ca. 30 Minuten stehen lassen, dabei gelegentlich umrühren.

● Das Backrohr auf 200 - 220° C vorheizen.

● Eine größere, längliche Auflaufform einfetten. Butter, Zucker, Rum und Eidotter zu einer lockeren Schaummasse verrühren, die eingeweichten Semmeln sowie Rosinen und Mandeln unterrühren.

● Die Äpfel schälen, vier-

6 altbackene Semmeln
1/2 l lauwarme Milch
weiche Butter für die Form
50 g weiche Butter
80 g Zucker, 2 EL Rum
4 Eidotter (Eigelb)
abgeriebene Schale 1/2 unbehandelten Zitrone
50 g Rosinen
30 g gehackte Mandeln
500 g reife Äpfel
4 Eiklar (Eiweiß)
30 g Butterflöckchen
Staubzucker (Puderzucker) zum Bestreuen

teln, vom Kerngehäuse befreien und blättrig schneiden. Gleichmäßig untermischen. Das Eiklar steif schlagen und locker unterheben.

● Die Mischung in die vorbereitete Form füllen, mit Butterflöckchen belegen und in 40 - 50 Minuten goldbraun backen.

● Mit reichlich Staubzucker bestreut servieren.

„Pongauer Kerschflenggen“

250 g Mehl	1 TL Zitronensaft
ca. 3/8 l Milch	60 g Butter oder Butterschmalz
1/4 TL Salz	ca. 300 g entsteinte Kirschen
1 - 2 El Zucker	Zucker (nach Belieben) zum Bestreuen
4 Eidotter (Eigelb)	
4 Eiklar (Eiweiß)	

● Mehl, Milch, Salz und Zucker verquirlen. Nach und nach die Eidotter dazugeben und weiterrühren. Etwa 20 - 30 Minuten rasten lassen.

● Anschließend die Eiklar unter Zugabe von etwas Zitronensaft sehr steif schlagen und unter die Dottermasse heben.

● In einer größeren Pfanne ein wenig Butter oder Butterschmalz erhitzen, etwas von der Teigmasse hineingeben, einige Kirschen darüberstreuen und von beiden Seiten ausbacken. Auf diese Weise nacheinander mehrere „Flenggen“ zubereiten und nach Belieben mit Zucker bestreut sofort servieren.

Interessant für Sie:
Gibt man anstelle der Kirschen Apfelspalten dazu, so nennt man das Gericht „Apfelflenggen“. Auch „Moosbeer (Heidelbeer)-Flenggen“ oder „Weinbeer (Rosinen)-Flenggen“ sind im Pongau bekannt und sehr beliebt.

„Klotzenkoch“

1 kg „Klotzen“ (getrocknete Birnen)	1 EL Mehl
	50 g Butter
Wasser	Zucker

● Die getrockneten „Klotzen“ etwas kleinschneiden, in einen größeren Topf geben, Wasser hinzufügen und weichkochen. Dabei immer wieder einmal umruhren.

● Abkühlen lassen, dann faschieren (durch den Fleischwolf drehen) oder in der Küchenmaschine grob pürieren. Etwas Kochflüssigkeit mit kalt angerührtem Mehl mischen, dazugeben und nochmals aufkochen lassen.

● Auf Teller verteilen, mit zerlassener Butter begießen und mit Zucker bestreuen. Warm servieren.

Variation:
Neben dem „Klotzenkoch“ ist im Pongau auch der „Aniskoch“ bekannt und beliebt. Hierfür werden 500 g gesiebtes Mehl mit 1/2 l saurem Rahm (Sahne) vermischt und gut abgebröselt. In einer größeren Pfanne läßt man 250 g Butter zergehen und gibt die Rahm-„Brocken“ hinein. Gewürzt wird mit 1/2 - 1 EL Anis und einer kräftigen Prise Salz. Dann läßt man die Mischung unter beständigem Rühren langsam kochen, gibt etwa 50 g Zucker und 30 g Weinbeeren (Rosinen) dazu. Zuletzt etwas Zimt darüberstreuen, die Pfanne beiseitestellen, 1 Ei mit dem Schneebesen einrühren und nach Belieben den Aniskoch mit 1 - 2 EL Rum abschmecken. Warm servieren.

Topfenknödel

50 g Butter	500 g Topfen (Quark)
30 g Zucker	180 g Grieß
1 Pa. Vanillezucker	ca. 3 l Salzwasser
3 Eier, 1 Prise Salz	6 EL Semmelbrösel
etwas abgeriebene Schale 1/2 unbehandelten Zitrone	80 g Butter
1 TL Zitronensaft	2 EL Staubzucker (Puderzucker)

● Butter, Zucker, Vanillezukker und Eier sehr schaumig rühren. Salz, Zitronenschale und -saft sowie den gut abgetropften Topfen dazugeben. Den Grieß darüberstreuen und alle Zutaten gut verrühren.

● Mindestens 30 Minuten rasten lassen, dann das Salzwasser zum Kochen bringen. Aus der Topfenmasse mit nassen Händen Knödel formen, in das Wasser einlegen, kurz aufkochen lassen, dann herunterschalten und die Knödel — je nach Größe — in 10 - 15 Minuten garziehen lassen. Mit einem Schaumlöffel herausheben und abtropfen lassen.

● Semmelbrösel in Butter goldgelb rösten, über die Knödel verteilen und mit reichlich Staubzucker bestreut servieren.

Semmelknödel

10 altbackene Semmeln (Brötchen)	30 g Butter
Salz	4 - 5 Eier
3/8 l lauwarme Milch	1 EL Mehl
2 EL gehackte Zwiebeln	Semmelbrösel bei Bedarf
1 Bund gehackte Petersilie	3 l Salzwasser zum Kochen

● Die Semmeln kleinschneiden, in eine Rührschüssel geben, salzen und mit der Milch anfeuchten, zudecken und mindestens 30 Minuten einziehen lassen. Dabei gelegentlich durchrühren.

● Zwiebeln und Petersilie in heißer Butter andünsten und zu den Semmeln geben.

● Eier mit Mehl verschlagen, hinzufügen und die Masse zu einem geschmeidigen Teig verkneten.

● 20 Minuten rasten lassen. Sollte der Teig noch zu weich sein, Semmelbrösel daruntermischen.

● Reichlich Salzwasser erhitzen, aus der Masse mit nassen Händen Knödel formen, in das heiße Wasser geben, die Kochstelle herunterschalten und die Semmelknödel in etwa 15 - 20 Minuten – je nach Größe – garziehen lassen.

● Mit Hilfe einer Schaumkelle herausheben, abtropfen und sofort servieren.

Unser Tip:
Wichtig ist, daß die Knödelmasse beim Ausformen immer wieder fest zusammengepreßt wird, damit die Knödel während des Garziehens nicht zerfallen.

Salzburger Speckknödel

- 250 g durchwachsener Speck
- 150 g Schinken
- etwas Butter
- 300 g altbackenes Weißbrot oder Semmeln (Brötchen)
- 3 Eier, 1/8 l Milch
- 1 EL weiche Butter
- ca. 3 EL Mehl
- je 1 EL geh. Petersilie und Schnittlauch
- Salz, Pfeffer

● Speck und Schinken in Würfel schneiden. In einer größeren Pfanne unter Zugabe von etwas Butter abrösten. Das Brot oder die Semmeln kleinschneiden und in eine Rührschüssel geben.

● Die Eier mit der Milch versprudeln und darübergießen. Butter, Mehl, Petersilie und Schnittlauch sowie die Speck- und Schinkenwürfel dazugeben und kräftig würzen.

● Mindestens 20 Minuten rasten lassen.

● Reichlich Salzwasser erhitzen, aus der Masse mit nassen Händen 8 Knödel formen, in das heiße Wasser geben, die Kochstelle herunterschalten und die Knödel in ca. 15 Minuten garziehen lassen, abtropfen und servieren.

Unser Tip:
Die Speckknödel können Sie als Beilage zu einem Hauptgericht oder als Einlage in einer kräftigen Fleischsuppe servieren. Anstelle des Schinkens können Sie auch eine geräucherte Wurst verwenden.

Taschenknödel

Teig:

500 g Mehl

3 Eier

1 EL Keimöl

Salz

ca. 1 - 1 1/2 Tassen lauwarmes Wasser

Füllung:

350 - 400 g Bratenfleischreste

1 größere Zwiebel

1 - 2 EL Butter

2 EL gehackte Petersilie

Salz, Pfeffer

Salzwasser, geschmolzene Butter

● Das Mehl in eine Rührschüssel sieben, Eier, Öl, Salz und so viel Wasser dazugeben, daß ein geschmeidiger Nudelteig entsteht. Mindestens 20 Minuten rasten lassen.

● Inzwischen die Fleischfüllung vorbereiten. Hierzu die Fleischreste sehr fein schneiden. Die Zwiebel schälen und würfeln. Die Butter in einer größeren Pfanne erhitzen, die Zwiebel darin glasig dünsten, das Fleisch dazugeben, mitrösten und mit Petersilie sowie Salz und Pfeffer kräftig würzen.

● Die Arbeitsfläche mit Mehl bestreuen, den Teig in Stücke teilen und jedes Stück ca. 25 x 25 cm groß austreiben. Etwas von der Fleischfüllung daraufgeben. Die Teigplatten zusammenlegen und mit Hilfe eines Zahnstochers feststecken.

● Reichlich gesalzenes Wasser erhitzen, die Knödel hineingeben, einmal aufkochen und auf niedriger Stufe in 10 - 15 Minuten garziehen lassen. Mit einer Schaumkelle vorsichtig herausheben, gut abtropfen lassen und mit geschmolzener Butter anrichten.

Interessant für Sie:
Die Taschenknödel nennt man auch, wie es das Rezept beschreibt, „z'sammg'legte" Knödel. Sie werden gerne mit Speckkraut serviert.

Leberknödel

4 altgebackene Semmeln	2 Eier
200 ml lauwarme Milch oder Fleischsuppe	abgeriebene Schale 1/2 unbehandelten Zitrone
250 - 300 g faschierte Schweine- oder Rinderleber	1 Prise Majoran
1 kleine Zwiebel	1 Prise frisch geriebener Muskat
2 - 3 EL geh. Petersilie	Salz, schwarzer Pfeffer
ca. 30 g Butter	Semmelbrösel nach Bedarf

- Die Semmeln kleinschneiden, in eine Schüssel geben und mit Milch oder Fleischsuppe übergießen. Die Leber dazugeben. Die Zwiebel schälen, fein hakken und mit der Petersilie in Butter anrösten.

- Die Eier versprudeln und mit allen übrigen Zutaten zur Semmel-Lebermischung geben.

- Nun den Teig gut durcharbeiten und kräftig würzen.

- 30 Minuten rasten lassen. Falls der Teig dann zu weich sein sollte, noch Semmelbrösel untermischen.

- Reichlich Salzwasser erhitzen, aus der Masse mit nassen Händen 8 große oder 16 kleine Knödel formen, in das heiße Wasser geben, die Kochstelle herunterschalten und die großen Knödel in ca. 25 Minuten oder die kleinen Knödel in etwa 15 Minuten garziehen lassen.

- Abtropfen lassen und servieren oder in heißer Fleischsuppe anrichten.

Mohnnudeln

- 400 g mehlige Erdäpfel (Kartoffeln), vorgekocht
- Salz
- 120 g Mehl
- 30 g feiner Grieß
- 30 g weiche Butter
- 2 Eidotter (Eigelb)
- etwas abgeriebene Schale 1/2 unbehandelten Zitrone
- 60 g Butter
- 120 g gemahlener Mohn
- 4 - 5 EL Staubzucker (Puderzucker)

● Die vorgekochten Erdäpfel noch heiß schälen und durch eine Presse drücken. Erkalten lassen. In eine Rührschüssel geben, Salz, Mehl, Grieß, Butter und Zitronenschale dazugeben, zu einem geschmeidigen Teig verarbeiten und diesen etwa 30 Minuten rasten lassen.

● Den Teig zu einer dicken Rolle formen, nußgroße zu ca. 8 - 10 cm langen, spitz auslaufenden „Nudeln“ formen.

● Reichlich gesalzenes Wasser erhitzen, die Nudeln hineingeben, die Kochstelle herunterschalten und die Nudeln in 8 - 10 Minuten garziehen lassen.

● In einer Pfanne die Butter erhitzen, den Mohn hineinstreuen und gut durchrösten.

● Die Nudeln mit Hilfe einer Schaumkelle aus dem Wasser heben, abtropfen lassen, in der Mohnbutter wälzen und mit reichlich Staubzucker bestreut servieren.

Moosbeernocken

- 500 g Moosbeeren (Heidelbeeren)
- 300 g Mehl
- Salz
- 2 EL Zucker
- 1/4 - 1/2 l heiße Milch
- 100 - 150 g Butter

● Die Moosbeeren waschen, gut abtropfen lassen und mit Küchenpapier troktupfen. Mehl, Salz, Zukker und Beeren gut und gleichmäßig vermischen.

● Nach und nach die heiße Milch dazugeben und durchrühren, bis ein weicher Nockerlteig entsteht.

● In einer größeren Pfanne die Butter erhitzen, die mit einem Eßlöffel ausgestochenen Nocken hineingeben, etwas flach auseinanderdrücken und auf beiden Seiten goldbraun backen.

Interessant für Sie:
Im Salzburger Land kennt man auch „Apfelnocken", die aus dünn geschnittenen, mit Zimt und Zucker vermischten Äpfeln hergestellt werden. Eine andere Spezialität sind die „Zwetschkennocken", für die man gewaschene, in Streifen geschnittene Zwetschken verwendet.

Gleich, welche Nocken Sie auch zubereiten möchten; als Beilage reichen Sie am besten ein Glas frische Milch dazu.

Pinzgauer Kasnocken

350 g Mehl	Salz, Pfeffer
ca. 1/4 l Wasser	100 g Pinzgauer Käse
1 - 2 Eier, Salz	oder ein würziger Bergkäse
60 g Butter	Schnittlauch

- Mehl, Wasser, Eier und Salz zu einem Teig verrühren und gut durcharbeiten. Mit Hilfe eines „Nockensiebes" (oder einem großlochigen Sieb) wird der Teig in reichlich siedendes Salzwasser gedrückt.
- Die Nocken gut durchkochen lassen, abseihen und kalt abschrecken. Die Butter in einer größeren rustikalen Eisenpfanne heiß werden lassen, die Nocken dazugeben und mit Salz und Pfeffer würzen. Dann den würfelig geschnittenen Käse dazugeben, mitrösten und schmelzen lassen.
- Mit reichlich frisch gehacktem Schnittlauch bestreut, am besten in der Pfanne, servieren.

Interessant für Sie:
Wie in einigen anderen Regionen Österreichs, so werden auch im Pinzgau gerne verschiedene Gerichte direkt in einer heißen Pfanne serviert. Diese stellt man dann auf einen eisernen oder besser hölzernen „Pfannenknecht" und alle, die am Tisch sitzen, essen direkt aus der Pfanne. Zu den Pinzgauer Kasnocken wird am liebsten ein Salat gereicht. Anstelle des Schnittlauchs kann man die Nocken auf mit gerösteten Zwiebeln anrichten.

Schottnocken

400 g Mehl	150 - 200 g Schotten (geräucherter Topfenkäse)
ca. 1/4 l Wasser oder Milch	Peffer, Salz
1 Ei	2 - 3 Knoblauchzehen
Salz	Schnittlauch
100 g Butter	

● Mehl, Wasser oder Milch, Ei und Salz zu einem Teig verrühren und gut durcharbeiten. Durch ein Nockensieb in reichlich kochendes Salzwasser tropfen lassen.

● Die Nocken gut durchkochen, abseihen und kalt abschrecken.

● In einer größeren Pfanne reichlich Butter bräunen, den zerriebenen Schotten hineinstreuen und mit der aufschäumenden Butter vermischen.

● Die Nocken dazugeben, würzen, geschälte Knoblauchzehen darüberpressen, durchmischen und mit reichlich frisch gehacktem Schnittlauch bestreut sofort servieren.

Pongauer Specknock'n

1 kg mehlige Erdäpfel (Kartoffeln), vorgekocht	50 - 60 g Butter
200 g Mehl	200 g durchwachsener Speck
Salz, Pfeffer	Sauerkraut als Beilage
2 EL gehackte Petersilie	

● Die gekochten Erdäpfel noch heiß schälen, in eine große Schüssel geben, zerdrücken und mit Mehl, Gewürzen sowie gehackter Petersilie zu einem Teig verkneten.

● Auf bemehlter Arbeitsfläche ca. 2 cm dick auswalzen, in etwa fingerbreite und ca. 10 cm lange Streifen schneiden, diese zu Nudeln ausrollen und in eine reichlich mit Butter gefettete Bratreine (emaillierte Bratform) eng nebeneinander legen.

● Den Speck fein würfeln, in einer größeren Pfanne auslassen und durchrösten. Über die Nocken streuen und diese im auf 200 - 220° C vorgeheizten Backrohr in etwa 30 Minuten ausbacken.

● Warm mit Sauerkraut als Beilage servieren.

Feine Germkrapfen

500 g Mehl
40 g Germ (Hefe)
80 - 100 g Zucker
1 Pa Vanillezucker
Salz
etwa 1/4 l lauwarme Milch
2 - 3 Eidotter (Eigelb)
100 g weiche Butter

etwa 500 - 700 g Butterschmalz zum Ausbacken

4 EL Marillen (Aprikosen)-Marmelade zum Füllen – nach Belieben

Staubzucker (Puderzucker) zum Bestreuen

● Das Mehl in eine größere Rührschüssel sieben, in die Mitte eine Vertiefung eindrücken, Germ zerbröckeln, hinzugeben und mit etwas Milch und Zucker verrühren. Dieses „Dampfl" zugedeckt an einem warmen Ort ca. 20 - 30 Minuten gehen lassen.

● Die restliche Milch, den restlichen Zucker, Vanillezucker, Salz, Eidotter und weiche Butter hinzugeben und alles zu einem geschmeidigen Teig verarbeiten, der sich gut vom Schüsselrand lösen sollte. Hierzu am besten die Küchenmaschine oder den Elektroquirl einsetzen.

● Den Teig auf bemehlter Arbeitsfläche ca. 2 cm dick ausrollen, mit einem Glas Kreise von etwa 8 cm Durchmesser ausstechen und mit einem trockenen Tuch zugedeckt nochmals 15 - 20 Minuten gehen lassen.

● Das Butterschmalz erhitzen, die Teigkreise vorsichtig hineingeben und von jeder Seite in etwa 3 Minuten goldbraun backen lassen. Dabei ein- oder mehrmals wenden.

● Die fertigen Krapfen mit Hilfe einer Schaumkelle vorsichtig aus dem heißen Fett heben und auf Küchenpapier abtropfen lassen.

● Ausgekühlt nach Belieben mit Marillenmarmelade füllen. Hierzu am besten eine Krapfenspritzhülle einsetzen. Mit reichlich Staubzukker bestreut servieren.

Interessant für Sie:
Gebackene Krapfen, die mit einer Soße aus heißem, mit zerlassener Butter und Wasser verrührtem Honig übergossen werden, nennt man „Honigkrapfen".

Für die Soße braucht man 2 EL Butter, 1/4 l Honig und 1/4 l Wasser.
Die Honigkrapfen sind vor allem im Pongau sehr beliebt.

Salzburger Spritzstrauben

- 1/4 l Milch, 40 g Butter
- 1 Prise Salz, 220 g Mehl
- 3 - 4 Eier, 1 - 2 EL Rum
- Backfett zum Ausbacken
- Staubzucker (Puderzucker) zum Bestreuen

● Die Milch mit der Butter und dem Salz langsam zum Kochen bringen. Das gesiebte Mehl auf einmal hineinschütten und den Teig so lange „abbrennen", bis die Masse glatt ist und keine Klumpen mehr bildet. Etwas abkühlen lassen, dann nach und nach die Eier sowie Rum dazurühren. Der Teig muß dann glatt und glänzend sein.

● Das Backfett erhitzen. Den Teig in einen Straubentrichter oder Spritzbeutel füllen und kreisförmige „Strauben" in das Backfett einspritzen.

● Gleichmäßig ausbacken und noch warm mit Staubzucker bestreut servieren.

Apfelkiachl

Backteig:

- 200 g Mehl
- 2 Eidotter (Eigelb)
- 3 EL Öl, 1/4 l Milch
- 1 Prise Salz, 20 g Zucker
- 2 Eiklar (Eiweiß)

- 750 g säuerliche Äpfel
- Saft von 1 Zitrone
- 1 EL Rum
- 2 EL Zucker, 1/2 TL Zimt
- 750 g Butterschmalz zum Backen

● Für den Backteig das Mehl in eine Schüssel sieben und mit Eidottern, Öl, Milch, Salz und Zucker zu einem glatten Teig verrühren. Mindestens 1 Stunde lang rasten lassen, dann Eiklar zu festem Schnee schlagen und vorsichtig unter den Teig ziehen.

● Die Äpfel schälen, das Kernhaus ausstechen und in ca. 1 cm dicke Scheiben schneiden. Einzeln mit Zitronensaft bestreichen und mit dem Gemisch aus Zimt und Zucker bestreuen.

● Das Butterschmalz erhitzen. Die Apfelscheiben einzeln mit Hilfe einer Gabel in den Backteig eintauchen, sofort in heißem Fett schwimmend von beiden Seiten goldbraun ausbakken, mit einer Schaumkelle vorsichtig herausheben und auf Küchenpapier abtropfen lassen.

Mohnstrudel aus Germteig

Teig:

350 g Mehl
150 g Butter
2 Eidotter (Eigelb)
80 g Zucker
1 Pa Vanillezucker
30 g Germ (Hefe)
ca. 1/8 l Milch
abgeriebene Schale 1/2 unbehandelten Zitrone

Füllung:

1/4 l Milch
250 g gemahlener Mohn
50 g Weinbeeren (Rosinen)
80 g Zucker
Zimt, gem. Nelken
zum Bestreichen 1 Eidotter (Eigelb),
etwas Milch

● Da die Füllung auskühlen muß, diese zuerst vorbereiten. Hierzu die Milch aufkochen lassen, den Mohn und die gewaschenen, abgetropften Weinbeeren dazugeben und kurz mitkochen lassen. Mit Zucker und Gewürzen abschmecken. Unter beständigem Rühren abkühlen lassen.

● Dann den Germteig, wie im Rezept „Germkrapfen“ beschrieben, zubereiten und an einem warmen Ort 20 - 30 Minuten gehen lassen.

● Den Teig auf bemehlter Arbeitsfläche etwa 1/2 cm dick ausrollen, mit der Mohnfülle bestreichen, einrollen, an den Enden einschlagen und auf ein gefettetes Backblech legen. Zugedeckt nochmals 15 - 20 Minuten gehen lassen.

● Das Backrohr auf 170 - 190° C vorheizen. Den Mohnstrudel an der Oberseite kreuzweise einritzen, mit Milch verschlagenem Eidotter bestreichen und in 40 - 50 Minuten goldbraun backen.

Mandelbusserl

2 Eiklar (Eiweiß)
200 g Zucker, Salz
1 TL Zitronensaft
200 g gem. Mandeln
3 - 4 Tropfen Bittermandelaroma
50 g Marzipanrohmasse
ca. 3 EL Rosenwasser zum Bestreichen
ca. 3 - 4 EL Staubzucker (Puderzucker) zum Bestäuben

- Die Eiklar mit 3 Eßlöffeln Zucker und dem Salz steifschlagen. Danach abwechselnd restlichen Zucker, Zitronensaft, Mandeln, Mandelaroma und das in kleine Flöckchen zerschnittene Marzipan unterschlagen. Mit angefeuchteten Händen Kugeln von ca. 3 cm Durchmesser formen.
- Das Backrohr auf 140 - 160° C vorheizen. Das Backblech mit Backpapier auslegen. Die Teigkugeln mit Rosenwasser bestreichen und mit reichlich Staubzucker bestäuben.

- In ca. 25 - 30 Minuten hellbraun abbacken. Dabei sollen die Busserl innen noch etwas feucht bleiben.

Menge: ca. 30 - 35 Stück

Vanillesterne Alt-Salzburger Art

150 g Butter
150 g Zucker
2 Eidotter (Eigelb)
1/2 Pa Vanillezucker
2 TL Rum oder Arrak
1 Prise Salz
250 g Mehl
1 Eidotter (Eigelb) zum Bestreichen
Hagelzucker zum Bestreuen

- Die angegebenen Zutaten zu einem feinen Mürbteig verkneten. Etwa 15 Minuten kühl rasten lassen.
- Anschließend gut messerrückendick auswellen und Sterne in verschiedenen Größen ausstechen.

Nochmals kalt stellen, dann mit zerklopftem Eidotter bestreichen und mit Hagelzucker bestreuen. Auf ein gefettetes oder mit Backpapier ausgelegtes Backblech geben.

● Bei 180 - 200° C in vorgeheiztem Backrohr in 10 - 12 Minuten goldgelb backen.

Menge: ca. 80 Stück

Salzburger Honiglebkuchen

- 175 g Honig
- 50 g Zucker
- 60 g Butter
- 2 EL Wasser
- 1 Eidotter (Eigelb)
- abgeriebene Schale 1/2 unbehandelten Zitrone
- 1 EL Kakao
- 1 TL Zimt
- 1 Msp. gem. Gewürznelken
- 250 g Mehl
- 3 gestr. TL Backpulver
- 150 g gemahlene Haselnüsse
- 70 g feingeschnittenes Zitronat
- 70 g feingeschnittene Aranzini (Orangeat)
- Butter für das Backblech
- Zuckerwasser, ca. 50 halbierte Mandeln

● Honig, Zucker, Butter und Wasser in einem Kochtopf mischen und langsam erhitzen, dabei immer wieder umrühren, bis alle Zutaten vollständig aufgelöst sind. In eine Rührschüssel geben und etwas abkühlen lassen. Noch lauwarm Eidotter, abgeriebene Zitronenschale, Kakao, Zimt, Gewürznelken und 2/3 des mit Backpulver gemischten Mehles dazugeben. Alles gut verrühren. Dazu am besten die Küchenmaschine oder den Elektroquirl einsetzen. Dann die Haselnüsse, Zitronat, Aranzini sowie das restliche Mehl dazugeben und weiterrühren.

● Den Teig auf einem bemehlten Backbrett nochmals gut durchkneten, mit Hilfe eines Nudelholzes ca. 1 cm dick ausrollen, eckige Formen ausschneiden und diese auf ein gut mit Butter eingefettetes Backblech legen.

● Das Backrohr auf 170 - 180° C vorheizen.

● Die Oberseite der Lebkuchen mit warmem Zuckerwasser bestreichen, dekorativ mit den halbierten Mandeln belegen und anschließend in 20 - 25 Minuten goldgelb backen.

Menge: ca. 30 Stück

Schokoladen-Zibebenkuchen

Abb. S. 67

- 150 g Zibeben (große Rosinen)
- 5 - 6 EL Rum
- 100 g weiche Butter
- 100 g Zucker
- 1 Pa Vanillezucker
- 1 Prise Salz
- 5 Eidotter (Eigelb)
- 100 g gemahlene Haselnüsse
- 6 EL Milch
- 250 g Mehl
- 1/2 Pa Backpulver
- 100 g geraspelte Schokolade
- 1 TL Kakao, etwas Zimt
- 5 Eiklar
- 100 g Zucker
- Butter und Semmelbrösel für die Form
- Staubzucker (Puderzucker) zum Bestreuen

● Eine Torten- oder Kranzform, Durchmesser 26 cm, einfetten und mit Semmelbröseln ausstreuen. Das Backrohr auf 170 - 190° C vorheizen.

● Nacheinander Butter mit Zucker, Vanillezucker, Salz und Eidottern sehr schaumig rühren. Gemahlene Haselnüsse und Milch hinzufügen. Mehl mit Backpulver mischen, darübersieben und gleichmäßig unterrühren. Geraspelte Schokolade und Kakao sowie etwas Zimt hinzugeben und untermischen.

● Die Zibeben waschen, abtropfen lassen und mit Rum beträufeln. Zugedeckt 2 - 3 Stunden durchziehen lassen. Die vorbereiteten Zibeben zum Teig geben.

● Eiklar halbsteif schlagen, den Zucker nach und nach einrieseln lassen und weiterschlagen, bis die Masse schnittfest ist. 3 Eßlöffel davon unter den Teig rühren, den Rest gleichmäßig unterziehen.

● Die Masse sofort in die vorbereitete Form füllen und glattstreichen.

● In 50 - 60 Minuten backen, in der Form etwas abdampfen lassen, stürzen und abgekühlt mit Staubzucker bestreuen.

250 g weiche Butter
200 g Zucker
1 Prise Salz
1 Pa Vanillezucker
4 Eier
350 g Mehl
100 g Stärkemehl
1 Pa Backpulver
3 - 4 EL Rum
ca. 1/8 l Milch
50 g gemahlene Mandeln
150 g gemahlener Mohn
Butter und Semmelbrösel für die Form
Staubzucker zum Bestreuen

Festlicher Mohnguglhupf

● Die Guglhupfform einfetten und mit Semmelbröseln ausstreuen. Das Backrohr auf 170 - 190° C vorheizen.

● Nacheinander Butter mit Zucker, Salz, Vanillezucker und Eiern sehr schaumig rühren. Mehl mit Stärkemehl und Backpulver vermischt darübersieben und gleichmäßig unterrühren.

● Zuletzt Rum, Milch, gemahlene Mandeln und

Mohn unter den Teig mischen. Diesen in die vorbereitete Form füllen und in 60 - 70 Minuten backen.

● In der Form kurz abdampfen lassen, dann stürzen und ausgekühlt mit Staubzucker bestreuen.

Feiner Mandelguglhupf

● Nacheinander weiche Butter mit Zucker, Vanillezucker und Eiern sehr schaumig rühren. Hierzu am besten den Elektroquirl einsetzen. Mehl, mit Stärkemehl und Backpulver vermischt, darübersieben und gleichmäßig unterrühren.

● Zuletzt Rum, Milch und Mandeln unter den Teig mischen.

250 g weiche Butter
200 g Zucker
1 Pa Vanillezucker
4 Eier
300 g Mehl
100 g Stärkemehl
1 Pa Backpulver
4 EL Rum
etwa 1/8 l Milch
100 g gehackte Mandeln
3 - 4 Tropfen Bittermandelaroma
Puderzucker zum Bestreuen
Butter und Semmelbrösel für die Form

● Eine Guglhupfform einfetten und mit Semmelbröseln ausstreuen. Den Teig einfüllen und im vorgeheizten Backrohr bei 170 - 190° C in 60 - 75 Minuten backen.

● In der Form kurz abdämpfen lassen, den Guglhupf am Rand von der Form lösen, auf ein Gitter stürzen und erkalten lassen. Mit reichlich Staubzucker bestreut servieren.

Mozarttorte

Teig:
4 Eidotter, 175 g Zucker
4 EL warmes Wasser
1 Pa Vanillezucker
4 Eiklar, 100 g Mehl
100 g Stärkemehl
30 g Kakao
3 gestr. TL Backpulver

Füllung:
125 g Butter
150 g Staubzucker (Puderzucker)
100 g Kakao, 2 EL Wasser
1 Ei, etwas Rum-Aroma
1 Pa Vanillezucker
200 g Marzipan
1 Glas Marillen-Marmelade

Garnitur:
Konfekt

● Das Backrohr auf 170 - 190° C vorheizen.

● Eidotter mit Wasser verschlagen, Zucker mit Vanillezucker nach und nach einrieseln lassen, bis eine cremige Masse entsteht. Eiklar steif schlagen und auf die Creme geben. Mehl mit Stärkemehl, Kakao und Backpulver mischen, darübersieben und unter die Eicreme ziehen. Eine Tortenform, Durchmesser 28 cm, am Boden fetten, mit Pergament- oder Backpapier auslegen und den Teig sofort einfüllen.

● Den Kuchen in 20 - 30 Minuten backen, in der Form abdampfen lassen, auf ein Gitter stürzen, das Papier anfeuchten und vorsichtig abziehen.

● Für die Füllung die Butter weich rühren, Staubzucker

mit Kakao mischen und nach und nach dazugeben. Ei, Rum, Wasser und Vanillezucker hinzufügen und weiterrühren, bis die Masse cremig ist.

- Den ausgekühlten Tortenboden zweimal durchschneiden. Die Marzipanrohmasse zerteilen, etwas durchkneten und in Bodengröße ausrollen. Jeden Tortenboden mit etwas Schokoladencreme bestreichen, darauf die Marzipanplatte auflegen, diese mit Marillenmarmelade überziehen und die Böden dann aufeinander setzen. Leicht andrükken und mit der restlichen Schokoladencreme oben und am Rand überziehen. Mit Konfekt dekorieren, dann mindestens 2 Stunden im Kühlschrank durchziehen lassen.

Osterstriezel

- 750 g Mehl
- 40 g Germ (Hefe)
- 100 g Zucker
- 1 Pa Vanillezucker
- 300 ml lauwarme Milch
- 1 Prise Salz
- 2 Eier
- 125 g weiche Butter
- abgeriebene Schale 1/2 unbehandelten Zitrone
- 75 g gemahlene Mandeln
- 100 g Rosinen
- 1 Eidotter, mit 2 EL Milch verschlagen

● Das Mehl in eine größere Rührschüssel sieben, in die Mitte eine Vertiefung eindrücken. Germ hineinbrökkeln, mit 1 EL Zucker und etwas Milch sowie Mehl mischen.

● Dieses „Dampfl" zugedeckt an einem warmen Ort ca. 20 - 30 Minuten gehen lassen.

● Die restliche Milch, den restlichen Zucker, Vanillezucker, Salz, Eier, weiche Butter, Zitronenschale, Mandeln und Rosinen dazugeben und alles zu einem geschmeidigen Teig verarbeiten, der sich gut vom Schüsselrand lösen sollte. Hierzu am besten die Küchenmaschine oder den Elektroquirl einsetzen.

● Das Backblech einfetten. Den Teig auf einem bemehlten Backbrett in fünf gleichgroße Stücke teilen. Daraus durch Ausrollen mit den Händen gleichmäßig dicke Stränge von je 50 - 60 cm Länge ziehen. Daraus einen Striezel (Zopf) flechten, die Enden flachdrücken und unterschieben.

● Den so vorbereiteten Striezel auf das Backblech legen und nochmals ca. 20 Minuten gehen lassen.

● Inzwischen das Backrohr auf 180 - 200° C vorheizen. Die Oberseite des Striezels mit Milch verschlagenem Eidotter gleichmäßig bestreichen und in 45 - 55 Minuten goldbraun backen.

Interessant für Sie:

Gebildebrote als Brauchtumsgebäcke

Der Brauch, ein Gebildebrot zu backen, läßt sich auf einen uralten Opferkult zurückführen. Früher, als auf den Bauernhöfen das Brot regelmäßig gebacken wurde, stellte die Bäuerin aus den Teigresten verschiedene Glückssymbole wie Hufeisen, Tiere oder sogar eine Kuh mit einem Kalb her. Aber auch Kreise, Strahlen oder Sterne waren recht beliebt. Diese Brote, aus verschiedenen Teigen hergestellt, wurden gerne an die Kinder, aber auch an Verwandte oder arme Leut' verteilt, da man ihnen magische Kräfte zuschrieb.

Auch heute noch ist es Tradition, daß die Kinder von ihrem Tauf- oder Firmpaten zu Ostern einen Osterstriezel aus Milchteig mit Weinbeeren (Rosinen), auch „Osterfleck“ genannt, erhalten.

Brezen

Teig:
40 g Germ (Hefe)
300 ml lauwarmes Wasser
1 TL Zucker
500 g Mehl
1 TL Salz
30 g Butter

Überzug:
1 l Wasser
10 g Natron
1 - 2 EL grobes Salz
Butter für das Backblech

● Germ zerbröckeln, in eine Schüssel geben, Wasser und Zucker hinzufügen und die Germ darin auflösen.

● Das Mehl in eine Rührschüssel sieben, die Germ-Wassermischung dazugeben und mit Salz sowie Butter zu einem geschmeidigen Teig verkneten. Sollte dieser etwas zu weich sein, noch etwas Mehl dazugeben.

● Auf bemehlter Arbeitsfläche aus dem Teig eine Rolle formen und in 12 Stücke schneiden. Die Stücke einzeln ausrollen, bis sie etwa 40 cm lang sind. Nun zu Brezen formen und zugedeckt etwa 15 - 20 Minuten gehen lassen.

● Inzwischen Wasser mit Natron aufkochen und die Brezen für 30 Sekunden eintauchen. Dann mit einer Schöpfkelle herausheben, auf ein gefettetes Backblech legen und mit grobem Salz bestreuen.

● Mindestens 30 Minuten lang kalt stellen.

● Das Backrohr auf 200 - 220° C vorheizen, die Brezen einschieben und in 20 - 25 Minuten knusprig backen.

Interessant für Sie:
Das Backen von Brezen hat in Salzburg eine alte Tradition. Ursprünglich wurde damit am Aschermittwoch begonnen und bis zum Palmsonntag regelmäßig fortgeführt. Auch heute noch sind die Brezen ein typisches Fastengebäck. Aus übriggebliebenem Gebäck wird dann am nächsten Tag eine „Brezensuppe" (Brotsuppe) zubereitet. Ein passendes Rezept hierfür finden Sie auf der Seite 10.

Salzburger Kletzenbrote

Fruchtmischung:

- 400 g getrocknete Kletzen (Birnen)
- 300 g getrocknete Zwetschken (Pflaumen)
- 200 g getrocknete Weinbeeren (Rosinen)
- 50 g Aranzini (Orangeat)
- 50 g Zitronat
- 80 g gehackte Mandeln
- 2 EL Marillen (Aprikosen)-Marmelade
- Saft und abgeriebene Schale je 1 unbehandelten Zitrone und Orange
- etwa 1 EL Zimt
- 1/4 TL gemahlene Nelken
- 2 - 3 EL Honig
- ca. 1/8 l Rum

Brotteig:

- 500 g Roggenmehl
- 30 g Germ (Hefe), etwas Zucker
- Salz, ca. 150 ml lauwarmes Wasser
- Butter für das Backblech
- Zuckerwasser zum Bestreichen

● Die Kletzen, Zwetschken und Weinbeeren kurz kalt abspülen, gut abtropfen lassen, eventuell mit Küchenpapier trockentupfen und sehr fein schneiden. In eine größere Schüssel geben und alle Zutaten für die Fruchtmischung hinzufügen. Gut zugedeckt einen Tag lang durchziehen lassen, dabei gelegentlich durchmischen.

● Für den Brotteig das Roggenmehl in eine Schüssel geben, in die Mitte eine Vertiefung eindrücken, Germ hineinbröckeln und mit etwas Zucker sowie Wasser mischen. Dieses „Dampfl" zugedeckt an einem warmen Ort gehen lassen. Das restliche Wasser und Salz hinzugeben, gut verkneten und den Teig nochmals etwa 30 Minuten gehen lassen.

● Die Früchtemischung zum Brotteig geben und sehr gleichmäßig durchkneten. Zwei oder drei längliche Laibe formen, diese nebeneinander auf das Backblech legen, etwas rasten lassen.

● Inzwischen das Backrohr auf 200 - 220° C vorheizen, die Kletzenbrote unter mehrmaligem Bestreichen mit Zuckerwasser schön gebräunt, in ca. 60 Minuten, abbacken. Anschließend sofort vom Blech lösen und gut auskühlen lassen. Erst nach 2 Tagen anschneiden.

Jagatee (Jägertee)

- 1/4 l Wasser
- 1 - 2 TL Zucker
- 1 - 2 Beutel schwarzer Tee
- knapp 1/4 l Rotwein
- etwas Zimt und Nelkenpulver
- 3 cl Rum
- 3 cl Obstler

● Wasser mit Zucker erhitzen, umrühren, die Teebeutel hineinlegen und bis zu 3 Minuten ziehen lassen. Den Rotwein dazugießen, würzen und die Mischung nochmals kurz erwärmen.

● Mit Rum und Obstler auffüllen. Bei Bedarf noch etwas nachzuckern. Heiß servieren.

Rotweinpunsch

- 1/2 l Rotwein
- 50 - 100 g Zucker
- abgeriebene Schale 1/2 unbehandelten Orange
- Saft von 2 Orangen
- 1 Tasse starker, schwarzer Tee
- etwas Zimt und Nelkenpulver
- 3 EL Rum

● Den Rotwein mit Zucker, Orangenschale und -saft, Tee, Zimt und Nelkenpulver langsam erhitzen. Zuletzt den Rum hinzugeben, umrühren, in Becher oder Tassen füllen und sofort servieren.

„Gamsmilch“

1/2 l Milch
4 TL Honig
4 EL Rum

● Die Milch langsam aufkochen lassen, Honig und Rum einrühren, auf Tassen verteilen und sofort servieren.

Pharisäer

4 Tassen starker Kaffee oder
4 Tassen heißes Wasser und dazu 4 gehäufte Teelöffel Instant-Kaffee
4 - 6 EL Rum
4 EL Zucker
200 ml Schlagobers (Schlagsahne)
2 EL Zucker
etwas Zimt nach Belieben

● Den heißen Kaffee auf Tassen verteilen oder Instant-Kaffee mit heißem Wasser verrühren. Jede Tasse mit 1 - 2 EL Rum und 1 EL Zucker abschmecken.

● Schlagobers mit Zucker steif schlagen, in einen Spritzbeutel füllen und die Kaffeetassen hübsch garnieren. Nach Belieben mit etwas Zimt bestreuen. Sofort servieren.

Zu den Rezepten:

Die Angaben für das Backen beziehen sich auf Backöfen mit Ober- und Unterhitze. Möchten Sie die jeweiligen Rezepte mit Heißluft zubereiten, so stellen Sie ca. 20° C niedriger ein. Die Backzeiten bleiben in der Regel gleich.

Zum Gebrauch des Buches:

Es werden mehrfach Abkürzungen benutzt, die ich Ihnen nachstehend noch kurz erklären möchte:

EL	Eßlöffel
TL	Teelöffel
Msp	Messerspitze
g	Gramm
kg	Kilogramm
l	Liter
cl	Zentiliter
ml	Milliliter
geh.	gehäuft
ger.	gerieben
gem.	gemahlen
Pa	Päckchen
vorgek.	vorgekocht

Rum/Innsbruck
Fax 0043(0)512/265561-8
e-mail: kompass@kompass.at
http://www.kompass.at
Verlagsnummer 1704
ISBN 3-85491-709-0
5.Auflage 2004

Bildnachweis:

Sigloch-Edition, Künzelsau: Titelseite, 40.
Salzburger Freilichtmuseum, Großgmain: Innentitel.
Fotostudio Teubner, Füssen: 20, 34, 36.
Salzburger Land, Tourismusgesellschaft: Umschlagrückseite, 2, 3, 31, 44, 46, 49, 55, 68, 75.
Stieglbräu, Salzburg: 4.
Österreich Werbung, Wien: 5, 43, 51, 59, 73.
Komplett Büro GmbH, München: 9, 63, 79.
Tübke u. Partner, München: 13.
Bildarchiv der Oberösterreichischen Kraftwerke AG, Linz: 10, 15.
Langnese-Iglo GmbH, Hamburg: 23, 33.
AMC International, Rotkreuz. 24.
Vitri-Corning GmbH, Mühltal: 38.
Robert Bosch Hausgeräte GmbH, München: 27, 66.
Dr. Oetker, Bielefeld: 71.

Autorin und Verlag danken den oben genannten Unternehmen für die umfangreiche und freundliche Bereitstellung des Bildmaterials.